官箴荟要

十四

线装书局

目录

学治臆说　〔清〕汪辉祖　撰　一
学治臆说卷上　二
学治臆说卷下　四〇
居官镜　〔清〕刚毅　撰　八三
臣道　八四
治道　吏政　一〇七
治道　户政　一二四
治道　礼政　一三五
治道　兵政　一四七
治道　刑政　一五九
治道　工政　一六七

学治臆说

〔清〕汪辉祖　撰

《学治臆说》探讨的是官员应当具备的品质和审理案件时应当注意的一些问题。作者汪辉祖，做官均在州县一级，先前做幕僚佐治，也只在州县一级，故数十年所历皆为州县之事。汪辉祖从道州任上离职后，在长沙居住期间，一些到省的官员常来拜访，询问做地方官的事情。汪的第四子继培将谈话内容记录下来。归乡后，亲戚也来询问他在地方做官的事情。长子继坊也随听随记。后经整理，即成《佐治药言》及《学治臆说》两书，均系其幕僚生涯之所得。

汪辉祖（一七三一至一八〇七）浙江萧山

人。二十三岁时学习刑名，后做幕僚达三十四年，先后辅佐州县官员十四人。乾隆四十年中进士，授湖南宁远县知县。两署道州知州，又兼署新田县。调知善化县，又被委派审理邻县案件。因脚病申请辞职，上司疑其有意躲避，被夺职。另著有《元史本证》、《史姓部编》、《九史同姓名略》、《二十四史同姓名录》、《二十四史希姓录》、《辽金元三史同名录》等。

学治臆说卷上

尽心

余言佐治，以尽心为本，况身亲为治乎？心之不尽，治于何有？第其难，视佐治尤甚。盖佐治者，就事论事，尽心于应办之事，即可无负所司。为治者，名为知县知州，须周一县一州而知之。有一未知，虽欲尽心，而不能受其治者。称曰父母官，其于百姓之事，非如父母之计儿女，曲折周到，终为负官，终为负心。

官幕异势

官以利民省事为心，非有异于幕也。然幕据理法，心可径行，官兼情势，心难直遂。民之情可以诉官，而官往往不易转达于上官。讷于口者，不能尽吾所言；怵于威者，又恐逢彼之怒。略涉瞻徇，便多迁就，此处能于心无负，方见平日立身功效。

志趣宜正

服官一也，而所以服官之心，不必尽同。有急于干进者，有安于守分者。干进者易躁，未尝不进，而或以才情

挂累；守分者近庸，果能尽分，亦终以资格迁除。此其中有命焉，非人之所为也。一念之差，百身莫赎，故志趣不可不正。

自立在将入仕时

志趣之正，全在将入仕时。号称选官，辄以裘马自衔，贳寓宅，假子钱，皆将取偿官中。到任之日，势不能自洁，辗转惑溺，不至败坏名节不止。谚曰：『一著错，满盘输。』发轫之初，何可不慎？

访延贤友

有司之职，礼士勤民，迎来送往，谒上官，接寮属，日有应理公事，簿书陵杂，虽能者，亦须借佽幕友。况省例不同，俗尚各别，惟习其土者知之。故到省先宜谘访贤友，聘请入幕，同寅推荐，不宜滥许。上官情势，有必不可

却者，宁如数赠修，隆以宾礼，勿轻信妄任，驯致误事。

得贤友不易

嗟乎！幕道难言矣。往余年二十二三，初习幕学，其时司刑名钱谷者，俨然以宾师自处。自晓至暮，常据几案治文书，无博弈之娱，无应酬之费，遇公事，援引律义，反复辨论，间遇上官驳饬，亦能自申其说。为之主者，敬事惟命，礼貌衰，论议忤，辄辞去。偶有一二不自重之人，群焉指目而讪笑之，未有唯阿从事者。至余年三十七八时犹然，已而稍稍委蛇，又数年，以守正为迂阔矣。江河日下，砥柱为难，甚至苞苴关说，狼狈党援，端方之操，什无二三。初入仕途，往往坐受其误而不自知。于此欲得贤友，宜向老成同官，虚心延访，庶几遇之。

幕宾不可易视

幕宾之名，曰刑名、曰钱谷、曰征比、曰挂号、曰书启，其大较也，刑名钱谷，动系考成，尽人而知其当重矣。抑知赋繁之地，漏催捺阁，及大头小尾诸弊，实皆征比核之。而词讼案牍，刑钱多不上紧，全在号友稽查催办。至书启庸拙疏怠，亦足贻笑招尤，无一可以易视。惜小费者，率计较于岁修之多寡，第其人不自爱重，往往随缘曲就，若心地光明，才学谙练之士，岁修外，别无染指，非饩廪足称，必不久安其席。与其省费误公，贻悔于后，何如隆礼厚币，择友于初？

择友之道

人之气质，大概不同。毗于阳者刚，不免伉直忤物；毗于阴者柔，类多和易近人。然非平日究心律例，断不能高自持议，较之随波逐流、胸无定见者，遇事终可倚赖。择友自辅，当无取其软媚也。

宜习练公事

幕宾固不可不重，一切公事，究宜身亲习练，不可专倚于人。盖己不解事，则宾之贤否，无由识别，付托断难尽效。且受理词讼，登答上官，仓猝自有机宜，非幕宾所能赞襄，不能了然于心，何能了然于口？耳食之言，终属葫芦依样，底蕴一露，势必为上所易，为下所玩，欲尽其职难矣。

勿滥收长随

长随与契买家奴不同，忽去忽来，事无常主，里居姓氏俱不可凭，忠诚足信，百无一二。得缺之日，亲友属托，到任之初，同官说荐，类皆周全情面，原未必深识其人之

根柢，断不宜一概滥收。至亲临上官面言者，其势不得不允，处之散地，尚非善策。不若任之以事，留心体察，足供驱使，固为甚善，觉有弊窦，立时辞覆，使其无可归怨，亦有辞以对上官。

滥收长随之弊

滥收长随之弊，始于误人，终以自误。盖若辈求面情而来者犹可，其曾出荐资者，一经收录，荐主之责已卸，投闲置散，不惟荐资落空，且常餐之外，一无出息。若辈又多贪饮嗜食，加以三五聚处，赌博消闲，势不得不借债鬻衣，此皆由我误之。彼不自度材力，又不能谅我推情收纳之故，而署中公私，一切彼转，略有见闻。辞去之后，或张大其词，以排同类，或点缀其事，以谤主人，讹言肆播，最玷官声。

用长随之道

宅门内用事者，司阍曰门上，司印曰佥押，司庖曰管厨；宅门外，则仓有司仓，驿有办差，皆重任也。跟班一项，在署侍左右，出门供使令，介乎内外之间，惟此一役，须以少壮为之。司阍非老成亲信者不可，其任有稽察家人出入之责，不止传宣命令而已。心术不正，将内有所发而寝阁，外有所投而留难，揽权婪诈，无所不为，其后必至钩通司印，伺隙舞弊，此二处，官之声名系之，身家亦系之。管厨、办差则有浮冒扣克之弊，管仓则有盗卖虚收之弊，皆亏累所由基也。

用人不可自恃

此事，余身历之而始悟者。往承乏宁远，止录游幕，时先后所用旧仆五人，一门、一印、一跟班、一司仓、一管厨。其中一人，素无才识，余以阍人苍猾，稽察不易，特令专司启闭，不甚检核。阅岁之后，捺朱票，阁禀单，稍稍婪索，间有言者，余念大小公事，一一手治，渠不敢旁参片语，未之深信。又一年而事败，乃痛惩焉，已几几受累矣。兼视并听，如之何可过恃耶？嗟乎！不可自恃，又岂独在用下人哉？

勿令幕友长随为债主

选官初至省城，及简县调繁，间遇资斧告匮，辄向幕友长随假贷子钱，挈以到官，分司职事。此等人既有挟而来，必揽权以逞。辞之，则负不能偿；用之，则名为所败。所当谨之于初，无已，宁厚其息而不用其人。

受代须从忠厚

受前官交代，是到任先务。其时官亲长随，急欲自见，往往盘量仓谷，百计搜求，以为出力。甚有不肖长随，借刁难为由，从中需索。一信其说，便著刻薄之名，迨监交持平，说亦终归无用。此等人，便须留意，不宜委以事权。至平庸幕友，大处不能察核，每斤斤于些小节目，苛驳见长，亦不可轻听。第同监交官，三面核算，正项亏缺，断难接收。留抵如有详案，自不妨斟酌承受。其他杂项，短少些微，直可慷慨出结。此实品行攸关，勿效官情纸薄。

勿受书吏陋规

财赋繁重之地，印官初到，书吏之有仓库职事者，间有馈献陋规。若辈类非素封，其所馈献，大率挪用钱粮，一经交纳，玩官于股掌之上矣。无论不能觉其弊也，觉之亦必为所挟持，不敢据实究办。谚云：『漏脯救饥，鸩酒

止渴，非不暂饱，死亦及之。』其斯之谓欤？顾官既洗心，则门印亦难染指，必且多方怂恿，非有定识、定力，不惑者鲜矣。

事上

获上是治民第一义，非奉承诡随之谓也。为下有分，恃才则傲，固宠则谄，皆取咎之道。既为上官，则性情才干不必尽同。大约天分必高，历事必久，阅人必多，我以朴实自居，必能为所鉴谅。相浃以诚，相孚以信，遇事有难处之时，不难从容婉达，慷慨立陈，庶几可以亲民，可以尽职。

上官用人非一格

上官之贤者，使人固必以器矣。即非大贤，未必不用守正之吏。我向稳处立身，办本分之事，用亦可，不用亦

缘，索垢求疵，免者几何？曰：是以平日不可不慎也。作吏者公私罪名，有动必连，故服官曰待罪。惟不贪不酷，不亏公帑，即免大戾，其他不韪，皆公过耳。与其恋栈罹辟，何如奉法去官？此处关头，须独断在心，切不可迟疑商酌，一有游移，妻子皆足为累。

恩不可希

亦有怜才上官，不慑之以威，而结之以恩，迁以好官，调以美缺。受恩渐重，图报渐殷，不得不承其志趣，为之驱策。余向言佐治勿过受主人情，受非分之情，恐办非分之事，唯吏亦然。受恩之名，最不易处。

迁调非不可居

然则作吏必不可迁调乎？曰：非也，所论止争公私之别耳。出于市恩，断不可受，出于抡才，若之何不受？

士为知己用，况重以职守哉？报上官即可以尽职守，不敢告劳，致身之义也。不则进而危，不若退而安矣。

勿躁进

且为上官者，皆有知人之明，不强人以所难也。我不希恩，彼岂漫予之恩？以恩为饵，大率躁进者自取之。上官既投其所好，而欲拂上官之性，是谓无良，况由此而进，必无退理。凡所云云，仍为安分者言之也。

勿喜功

纵不躁进，而有喜功之念，亦非所以自立。身膺民社，皆见过之端，无见功之处，克尽厥职，分也。偶叨上官赞誉，扬扬得意，必将遇事求功，长坂之驰，终虞衔橛。

知己难得

古人有言：得一知己，可以不憾。夫知己讵易得日理事，常与士民相见，不难取信于人，而吏役无能为弊，官职易尽，官声易著。冲繁之处，劳我心力者纷至沓来，日不过一二时，可以亲民，而此一二时，又皆精神疲困之候，非具兼人之才，鲜能自全。量而后入，古人所为重致意欤。

和营伍

同城文武，休戚均之，捕盗缉私，事皆一体。小分畛域，动多窒碍，原厥所始，半由兵役不睦，偏护成嫌，道先约饬衙役，和缉兵丁。如兵丁多事，则传唤至署，剀切劝谕，且勿知会营官，全其颜面，既免革粮，又不被责，一丁感而众丁渐化。营官性情爽直居多，遇有事故，推诚相白，时时以礼貌接之，断无芥蒂之理。至武职养廉之外，别无赢羡，总比文官拮据，少有通融，量力应付，自然情

投意洽，休戚相关矣。

待寮属

州县之属无几，才略自易周知，此中大有端人，非无奇士，然朝夕相见，性情易为窥测。有等近利之徒，内与阍人相狎，外与讼师相联，揣摩恐吓，无弊不为。概以坦白相待，多为所卖，操之稍急，辄云难乎为下，束缚之，驰骤之，呜呼！难言哉。

礼士

官与民疏，士与民近；民之信官，不若信士。朝廷之法纪不能尽喻于民，而士易解析，谕之于士，使转谕于民，则道易明，而教易行。境有良士，所以辅官宣化也。且各乡树艺异宜，旱涝异势，淳漓异习，某乡有无地匪，某乡有无盗贼，吏役之言，不足为据，博采周谘，惟士是赖，

哉？知己云者，用己所长，并恕己所短。若己之才品，未尝不知，而己之短长，尚未周知，谓己可用，用违其分，是谓知人，而不得谓之知己。卒之不能尽我所长，转致绌我所短，斯殆所谓命矣。

禀揭宜委曲显明

申上之文，曰验、曰详、曰禀。验止立案，详必批回，然惟府批，由内署核办，自道以上，皆经承拟批，上官有无暇寓目者，禀则无不亲阅。遇有情节繁琐，不便入详，及不必详办之事，非禀不可，宜措词委曲，叙事显明，上官阅之，自然依允。凡留意人才之上官，往往于禀揭审视疏密，虽报雨请安各禀，亦不可不慎。蒙头盖面之文，土饭尘羹之语，最易取厌，尽汰为佳。

欲尽吏职非久任不可

为州县者，得百里而长之。即此百里之中，人情好尚，非及期月，断不能周知梗概；知而措之，顺人情，因物利，信而后劳，又非期月不可。事事了彻，方与士民有臂指之联，功令计典定以三年，无速效也。躁于炫鬻者，历事未几，辄图调署，择善而赴，或无暖席，其于百姓休戚，漠不相关。如富家之雇乳媪，甫与赤子相习，挟主者衣饰而去，致赤子屡易乳媪。为之主者，屡损不一，损而赤子终不受乳哺之益，父母官之谓何？嗟乎！夫孰使之然哉，可不为百姓计乎？

简僻地易尽职

且欲为本分官，利于简僻之地。简则酬酢无多，僻则送迎绝少，六时功课，尽归案牍，随到随办，无虞壅滞，日故礼士为行政要务。

官辨士品

第士之贤否，正自难齐，概从优礼，易受欺蔽。自重之士，必不肯仆仆请见，冒昧陈言，愈亲之而踪迹愈远者，宜敬而信之。若无故晋谒，指挥唯命，非中无定见，即意有干求。甚或交结仆胥，伺探动静，招摇指撞，弊难枚举，是士之贼也，又断断不容轻假词色，堕其术中。故能濬知人之明，始可得尊贤之益。

解土音之法

各处方言，多难猝解，理事之时，如令吏役通白，必至改易轻重。当于到任之时，雇觅十二三岁村童，早晚随侍，令其专操土音，留心体问，则两造乡谈，自可明析，不致临事受蒙。

初任须体问风俗

人情俗尚，各处不同，入国问禁，为吏亦然。初到官时，不可师心判事，盖所判不协舆情，即滋议论，持之于后，用力较难。每听一事，须于堂下稠人广众中，择传老成数人，体问风俗，然后折中剖断，自然情法兼到。一日解一事，百日可解百事，不数月诸事了然。不惟理事中肯，亦令下如流水矣。

察事之法

谘访利弊，自以绅者为重。余初至宁远，懵如也，宾至既见，各叩以乡土情形，及棍匪姓名，密置小簿，宾去，详录所言，凡讼师棍盗等项，约记其年貌住处。每升堂先检阅一过，见与簿中相类者，摘发诲饬，群相惊诧，故法立而不犯，未及一年，四境要隘，粗悉大略。上官偶有垂问，皆能登答，遂过蒙赏识，其实无他寸长也。

发觉地棍勿使知所自来

若辈姓名，虽得于绅耆之口，然有以罪之，断不可使知所由来。盖绅耆与若辈井宅毗连，今日使有讦发之名，他日必被迁怒之祸。我方资以为治，而致其因我受累，于义不可，于心何安？故访察不可不详，举发尤不可不慎。

治以亲民为要

长民者，不患民之不尊，而患民之不亲，尊由畏法，亲则感恩。欲民之服教，非亲不可。亲民之道，全在体恤民隐，惜民之力，节民之财，遇之以诚，示之以信，不觉官之可畏，而觉官之可感，斯有官民一体之象矣。民有求于官，官无不应；官有劳于民，民无不承。不然，事急而使之，必有不应者。往往壤地相连，同一公事，而彼能立济，

投意洽，此卒无成，曰民实无良，岂民之无良哉？亲与不亲之分殊也，官事缓急何常，故治以亲民为要。

亲民在听讼

司牧之道，教养兼资，夫人而知之，知之而能行者盖鲜，不朘民以生养之源也，教则非止条告号令具文而已，有其实焉，其在听讼乎？使两造皆明义理，安得有讼？讼之起，必有一暗于事者持之，不得不受成于官，官为明白剖析，是非判，意气平矣。顾听讼者，往往乐居内衙，而不乐升大堂。盖内衙简略，可以起止自如，大堂则终日危坐，非正衣冠、尊瞻视不可，且不可以中局而止，形劳势苦，诸多未便。不知内衙听讼，止能平两造之争，无以耸旁观之听。大堂则堂以下伫立而观者，不下数百人，止判一事，而事之相类者，为是为非，皆可引伸而旁达焉，未

讼者可戒，已讼者可息。故挞一人，须反复开导，令晓然于受挞之故，则未受挞者，潜感默化。纵所断之狱，未必事事适惬人隐，亦既共见共闻，可无贝锦蝇玷之虞。且讼之为事，大概不离乎伦常日用，即断讼以申孝友睦姻之义，其为言易入，其为教易周。余前承乏宁远，俗素嚣健，动辄上控，兼好肆为揭贴以诬官长。到省之后，院宪嘉善浦公霖，面谕明切，余唯行此法，窃禄四年，府道未受一辞，各宪因为余功，乃知大堂理事，其利甚溥也。

姻族互讦毋轻笞挞

谚曰：刑伤过犯，终身之玷。不惟自玷而已，尝见乡人相詈，必举其祖若父之被刑者，而显诟之，是辱及子孙也。为民父母，其可易视笞挞耶？黠者、豪者、玩法而怙恶者，非挞不足示儆，挞之不足，而掌批其颊，校荷其颈，

皆小惩而大戒也。愿者能知悔罪，已当稍示矜怜矣。至两造族姻，互讦细故，既分曲直，便判输赢，一予责惩，转留衅隙，讼仇所结，缪轕成嫌。所当于执法之时，兼寓笃亲之意，将应挞不挞之故，明白宣谕，使之幡然自悟，知惧且感，则一纸遵依，胜公庭百挞矣。

犯系凶横仍宜究惩

然此为相对相当之讼，可以情恕，可以理谕者言之也。如犯者实系凶横，或倚贫扰富，拔草寻蛇；或恃尊陵卑，捕风捉影，稍从曲宥，则欲壑难填，为之族姻者，必致受害无已，不啻犯如虎而官傅之翼矣。遇此种人，尤须尽法痛惩，即老病，或妇女，亦当究其抱告，使知亲不可恃，法不可干，庶几强暴悔心，善良安业。

治狱以色听为先

事皆办，实且一事无成。环伺者窥其底蕴，因缘为弊，亦万万无暇检察矣。

官须自做

非刚愎任性之谓也。事无巨细，权操在手，则人为我用。若胸无成见，听人主张，将用亲而亲官，用友而友官，用长随吏役而长随吏役，无一非官。人人有权，即人人做官，势必尾大不掉，官如傀儡，稍加约束，人转难堪，甚有挟其短长者矣。国人知有穰侯华阳，而不知有王，速败之道也。故曰官须自做。

学治臆说卷下

敬城隍神

朝廷庙祀之神，无一不当敬礼，而城隍神尤为本境之主。余向就幕馆，次日必斋戒诣庙焚香，将不能不治刑名，及恐有冤抑，不敢不洁己佐治之故，一一摅诚默祷，所馆之处，类皆宁谧。馆仁和，则钱塘多狱，馆钱塘，则仁和多狱，其后馆乌程、归安，亦然。当事戏号余为福幕，自维庸人庸福，荷主人隆礼厚糈，所以蒙神佑者大矣。窃禄宁远，亦以素心誓之于神，凡四年祈祷必应，审理命案，多叨神庇。而刘开扬一事，尤众著者，谨略书于左，以著城隍神之有益吏治云。

刘开扬者，南乡土豪也，与同里成大鹏，山址毗连。成之同族私售其山于刘氏，大鹏讼于县，且令子弟先伐

官箴荟要

木以耗其息。开扬虑讼负，会族弟刘开禄病垂死，属刘长洪等负之上山，激成族斗争，则委使殴毙，为制胜之计。比至山而伐木者去，长洪等委开禄于地，开扬使其子闰喜，击开禄额颅立毙，而以成族殴死具控，余当诘开扬辞色可疑，絷焉。已而大鹏词诉，辩未殴而已，终不知殴者主名，因并絷大鹏，同至城隍庙。余先拈香叩祷，祷毕，命大鹏、开扬并叩首阶下。大鹏神气自若，而开扬四体战栗，色甚惧，余更疑凶手之不在成氏矣，然不敢有成见也。相验回时，已丙夜，复祷神，鞫两造于内衙，讯未得实。忽大堂声嘈嘈，起询之，有醉者闯入，为门役所阻，故大哗，命之入，则闰喜也。开扬大愕，跪而前曰：『此子素不孝，请立予杖毙。』余令引开扬去，研鞫闰喜，遂将听从父命，击开禄至死颠末，一一吐实。质之开扬信然，长洪等

皆俯首画供，烛犹未跋也。次日，复鞫闰喜投县之故，则垂泣对曰：『昨欲窜匿广西，正饮酒与妻诀，有款扉者呼曰：「速避去，县役至矣。」启扉出，一颀而黑者，导以前，迨至县门，若向后推拥者，是以哗』。夫闰喜下手，正凶也，牍无名，而其父开扬，方为尸亲，脱俟长洪等供吐拘提，已越境飏去，安能即成信谳？款扉之呼，其为鬼摄无疑也。杀人者死，国法固然，懵昧如余，得不悬案滋疑，则神之所庇，不信赫赫乎？

敬土神

当敬者，不独城隍神也。凡地方土神，为阖境尊信者，其先必有功德于民，始能血食勿替。或以非祀典所载，不为之礼，此尤不可。盖庸人妇稚，多不畏官法，而畏神诛，且畏土神甚于畏庙祀之神。神不自灵，灵于事神者

之心。即其畏神之一念，司土者为之扩而充之，俾知迁善改过，讵非神道设教之意乎？

各乡土地神与土神有别

所谓土神者，四境共事之神也，至各乡土地神，则又有说。楚俗，每逢祈雨，里民各舆其土之神，鸣锣击鼓，至县堂，请地方官叩祷。宁远亦然。岁己酉四月，余方率属步祷，而舆神者，先后集于大堂，凡二十馀神，礼房吏援例请以礼。余曰：『是非礼也』。命移神座，分列大堂左右，升堂，各乡耆跽而请。余告之曰：『若辈之为是举，谓民之需雨急也。民需雨而官不知，宜以神告儆。今官固先民而祷矣，是何为者？况官之行礼，为九叩首，为六叩首，为三叩首，国有定制，无敢增减。权幽明合一之理，各乡土地神，分与地保等，地方官不可与地保平行，土地神独可与地方官抗礼乎？不可抗礼，而舆以见官，是谓亵神。

且神而有知，应赴城隍神祈求，不暇入县门也；若其无知，则土偶耳。官为叩祷，于礼无稽。余非不爱民者，悖礼经而违国典，不可，且不敢也。其速舆尔神以归，道逢戚友，传述余言，不劳更入城也。』众皆唯唯退，后遂无至者。然此在莅治二年后，民已相信，故能以庄语晓之，否则必谓官不恤民，或滋饶舌。随事制宜，未可一例行也。

地棍讼师当治其根本

唆讼者最讼师，害民者最地棍。二者不去，善政无以及人。然去此二者，正复大难，盖若辈平日多与吏役关通，若辈藉吏役为护符，吏役藉若辈为爪牙。遇有地棍讹诈，讼师播弄之案，彻底根究一二，使吏役畏法，则若辈自知敛迹矣。

治地棍讼师之法

若辈有犯，即干遣戍，然罪一人，应有证成其罪者，势将累及平民；且若辈党羽勾连，被累之人，惧有后累，往往不敢显与为仇，重办亦颇不易。向在宁远，邑素健讼，上官命余严办，余廉得数名，时时留意。两月后，有更名具辞者，当堂锁系，一面检其讼案，分别示审，一面系之堂柱，令观理事。隔一日，审其所讼一事，则薄予杖惩，系柱如故。不过半月，惫不可支，所犯未审之案，亦多求息。盖跪与枷皆可弊混，而系柱挺立，有目共见，又隔日受杖，宜其惫也，哀吁悔罪，从宽保释，已挈家他徙，后无更犯者，讼牍遂日减矣。

治士子干讼之法

士而干讼，必不可纵，然遽惩以法，又非育才之道。

余之宁远，过衡州，谒学使钱南园先生沣，言宁远士习浇漓，好以干讼为事，嘱余严查详褫。余因与诸生约，国家优待衿士，虽己事许用抱告，如事非切己，或为邻佑，或为干证，护符袒讼者，点名之后，概不问供，给予纸笔，令在堂右席地作文。邻证中自有白丁在，审系白丁左袒，则与白丁并列之衿士，即以白丁之罪罪之，立会教官，当堂扑责，白丁非左袒者，衿士亦不复取供，而以所作之文，年终汇送学使。职员监生则先责后详，必不姑恕。自有此约，竟无绅士试法者。终四年，未扑一衿。郡尊王蓬心先生宸闻之，谓余不恶而严，情法兼到。因思衿士原多知礼，不当与讼师同日而语也。

宜使士知自爱

士不自爱，乃好干讼；官能爱之，未有不知愧奋者。

爱之道，先在导之于学，为月课，为季考，拔其尤者，收之书院义学之中，鼓舞之，振兴之，隆以礼貌，优以奖赏，与干讼者荣辱迥殊。则士以对簿为耻，莫不砥厉廉隅，不独文教之可以日盛也。

除盗之法

盗必有窝，且类与捕役勾通，严比捕役，未尝不可获盗。顾盗之黠者，即以平日饷捕为反噬之计，官避处分，率多颟顸完结，而盗益难治。夫捕既获盗，功过相抵，盗果应办，当据实陈请上官，治盗罪而录捕功，再责其获盗补过，庶捕知感奋，盗可廓清，亦权宜之一法也。至弭盗之道，比捕尤不如亲巡，印官不惮巡历，佐杂驻防，无敢自逸，时时有巡官在人意中，则捕役常知儆畏，而盗贼莫不潜踪矣。

保甲可以实行

力行保甲，是注考时必须之政绩，然已成故事矣。往余佐州县幕二十馀年，欲赞主人行之，竟不可得。岁丙午，谒选至京师，会稽茹三樵先生敦和，笃行君子也，方就养日下，甚蒙眷契，尝以吏治求教。先生自述令南乐时，会岁歉，以旧无门牌，种种棘手，捐资设空白簿，备笔墨。每一地保，给簿一本，笔二枝，墨一丸，令将所管村庄，挨户填注，阅三月另给一簿，复填一次。半年后，乘便抽查，与簿记相符，乃捐资填门牌，逐户分给，颇著实效。余谨识之，不敢忘。比至宁远，俗称健讼，牒中邻佑，率以数里数十里外左袒之人列名充数；县无鱼鳞册，山原相错，各以意争。又地多外籍流民，以垦山为名，潜留作匪，皆不易为治。因如先生教行之。令地保将管内四至接壤，及山多田多，有塘堰若干，桥梁若干，大路通某处，小路通某处，某土著住几屋，业何事，某流寓，主何人，有无恒业，一一注入簿内。凡四换簿，始抽查无漏，然后捐发门牌，间有漏户，亦皆具呈补给。不半年，无业之流民，莫为之主冒充邻佑者，可以按册予儆，山原亦稍稍有界址可据，盗息讼简，邑民称便。去宁远时，汇三十六里印簿，移送后任，且语之曰：『四年承乏，无一称职，惟此一事，可为他年稿本，不无小补。』故详志之，以广先生之教云。

查逐流丐之法

余初至湖南，今广信太守张公（朝乐），方保举知府，在省候咨，谒访时政。公言永州壤接广西，流丐颇不易治。余请其治之之法。言前令武陵，下乡相验，适丐匪群集，役少不能捕，谕之去，则哗然，乞赏路费，几不可制。见道旁有桑园，可容百馀人，令皆进园候，点名登簿，按名给赏。

群丐入，则令干役当其户，逐一唱名放出，择其壮者，令随至县城领赏，至则分别究逐，皆散去。此公之急智也，不可以再。余至宁远，受篆之次日，民人王胜字等，缚一恶丐来，控其引类滋扰，立惩以法。即有老役堂回流丐横行，是目下民间大累。诘其故，则上年邻邑歉收，扶老挈幼而来，什伍成群，遍于各里，访之信然。以其捕之不能捕，逐之不可逐，是以愈来愈众。然乡民莫敢谁何，缓之、急之，皆恐酿事，谘询寮属，均无良策。会初莅，例应点卯，知三十六里各有专役催粮，乃刷印小票数百番，给役各发各里耆民，协保捕逐。使人人有捕丐之责，处处皆协捕之人，流丐无地可容，而王胜字所获之丐，仍荷重枷示儆。不旬日，而境内丐匪，相率远去，花户纳粮，踊跃倍常，因是遂以得民。其亦可备逐丐之一术乎？

催科之法

催科中寓抚字，谈何容易！根串不符，酿弊甚大，宜于中缝，盖用完数木戳，官民截分，无可弊混。至户粮各书，往往搁大户，摘小户，此宜责成幕宾，实心检核，凡比较时细对完欠，多寡确数，分别责免。完多之役，立予功单，记名酌赏，而严查需索之弊，庶不致追呼滋扰。若自图安逸，常委佐贰比课，终属虚名无益也。

生伤勿轻委验

验伤填单，例取保辜，何等慎重！或乃委之佐杂，不知两造报伤，多先嘱托仵作，故仵作喝报后，印官犹必亲验，以定真伪。佐杂则惟据仵作口报而已，何足深信？且某伤为某殴，须取本人确供，辨其形势器物，万一伤者殒

命，此即拟抵之据。生前之供状未明，死后之推求徒费，犯供翻异，案牍纠缠，率由于此，则何如亲验之可恃也。

命案受词即宜取供

呈报命案，非尸亲，即地保。宜立刻研问衅由，及斗殴之状，受伤之处，细细诘问，察看供情虚实，自可得其要领。盖尸亲等甫至县城，未暇受讼师指挥，代书写词，不敢大改情节，且乡民初见官长，尚有惧心，立时细鞫，真情易露。往余在宁远，蒋良荣、刘开扬自毙诬人二案，皆于初报时讯有疑窦，不致冤滥平民。故知初报即讯，是最要关键。若被告亦到，则更可对簿明确矣。

相验宜速

一面讯供，即一面佥役传验，无论寒暑远近，讯毕即往，以免犯证入城先投讼师商榷。中途犯到，即择可息足

处所，提犯鞫问，使其猝不及备，得情自易。

验尸宜亲相亲按

地方官担利害，莫如验尸。盖尸一入棺，稍有游移翻供，便须开检。检验不实，即干吏议，或致罪有出入，便不止于褫职。相验时仵作报伤之处，须将尸身反复亲看，遇有发变，更须一一手按，以辨真伪。时当盛暑，断不宜稍避秽气，或致仵作弊混，且心坚神定，秽亦不到鼻孔，余屡试之，若有鬼神呵护者。验毕指定真伤，令凶手比对痕合，然后棺敛，自无后虑。如凶手未到，或系他物伤，伤痕分寸，尤须量准，异日追起凶器，比合可成信谳。

当场奉《洗冤录》最可折服刁徒

刁悍尸亲，或妇女泼横，竟有不可口舌争者。执发变为伤据，指旧痕为新殴，毫厘千里，非当场诘正，事后更

难折服。宜将《洗冤录》逐条检出，与之明白讲解，令遵录细辨，终能省悟。此亦屡试有效，切不可惮半日之烦，贻无穷之累。

详开检宜慎

开检之时，拆骨洗蒸，最为惨毒，疑似之间，出入重大。遇有尸亲翻控，先检原详图格，逐一精研，实有枉抑疑窦，然后详检，则问心无愧。倘系尸亲妄听误告，须细细开导，果能悔悟，自可陈请上官提审，取结免检。盖检而无伤，不惟死者增冤，复令生者坐罪，而曰我依律办也，是耶非耶；必有能辨之者。昔有强干太守，号称吏才，每逢发审命案，辄以详检塞责。半年之间，骨殖多提省垣，而太守以暴病死，家属仳离，官所遗榇难归，论者谓有鬼祸，其或然欤？

勿讳命盗

余向幕平湖，先后佐两刘君（一三韩冰斋，一光山仙圃），遇盗案，皆力赞详办，不敢讳抑，后犯皆弋获，主人亦未被议。当实报时，无知之口多以余为迂谨，主人勿惑也，故得竟行余志。是无论例应尔也，两害相形，则取其轻。盗案四参限满，止于降调，往往仰荷恩原，犹得弃瑕录用，讳盗褫革，则一蹶不起矣，命案亦然。善乎刘冰斋之言曰：『吾自朝至暮，何时不担处分，何事不可去官，顾必避盗案之降调耶？』冰斋后以保举知府，擢江西吴城同知去，有味乎其言之也。

吏役宜用老成人

少年吏役，急于见知，原易节取。六七十岁者，其奔走逢迎，往往不如少壮。然服役既久，历事必多，周知利害，类能持重。选一二人，朝夕承侍，以备顾问，总有裨益。

惟若辈性多苍猾，揣摩附会，是其所长。驾驭之方，尤须留意。

老成吏役宜留其颜面

老成之人，多知顾惜颜面。颜面既伤，其蠢弊且甚于少年。既已用之，须曲为体恤。度其才力，不能胜任，将来难免笞挞之事，即慎之于先，不以驱遣；或应驱遣，则明示以此意，使之知所感畏，自能实心图报，获效不鲜。

驭吏役在刑赏必行

宽以待百姓，严以驭吏役，治体之大凡也。然严非刑责而已，赏之以道，亦严也。以其才尚可用，宜罚而姑贷之，即玩法所自来矣。有功必录，不须抵过；有过必罚，不准议功。随罚随用，使之有以自效，知刑赏皆所自取，而官无成心，则人人畏法急公，事无不办。姑息养奸，驭吏役者，所当切戒！

至亲不可用事

谚云：莫用三爷，废职亡家。盖子为少爷，婿为姑爷，妻兄弟为舅爷也。之三者，未必才无可用，第内有嘘云掩月之方，外有投鼠忌器之虑，威之所行，权辄附焉，权之所附，威更炽焉。任以笔墨，则售承行，鬻差票；任以案牍，则通贿赂，变是非；任以仓库，则轻出重入，西掩东那，弊难枚举。即令总核买办杂务，其细已甚，亦必至于短发价值，有玷官声，故无一而可。事非十分败坏，不入于耳，迨入于耳，已难措手。以法则伤恩，以恩则坏法，三者相同，而子为尤甚。其见利忘亲者，无论意在爱亲，而孳孳焉为亲计利，势必陷亲于不义，所以危也。余

佐幕三十年，凡署中有公子主事者，断不受聘。盖坐视其害，义有不安；以疏间亲，分有不可。目击官之受此累者，比比皆是。乾隆二十九年，诸暨令黄汝亮之重征；五十一年，平阳令黄梅之苛敛，并因子累，身干重辟，子亦罹刑，尤炯鉴之昭然者矣。

用亲不如用友

然则婿与舅犹可用乎？曰：『否。』特其恩较杀于子，其分较疏于子，或不致十分败坏，尚易发觉耳。然至于发觉，亦复不易收拾，治婿则碍女，治舅则碍妻，隐忍黜逐，已累不可言，总不若择贤友而任之。友以义合，守义则尊而礼之，苟其负义，何嫌乎绝交，甚至绳之以法，亦可对人。盖友有瑕疵，至戚良朋皆可启白，且一经受玷之后，托足无方，故自爱者恒多也。

亲戚宜优视

然则一行作吏，至亲皆可疏乎？曰：『不然。』自未遇以至通籍，莫不厚望于我，其情重可感也，幸得服官，如之何勿念？不畀以事权，则负才者无所肆；不责以功效，则无才者可自容。称吾之力，衣之食之，分禄以周之，尽吾心焉而已，心有馀而力不逮，无可如何也。第不可靳吾力而薄吾情，致他日还乡里，无以相见耳。

子弟不宜轻令随任

官衙习气，最足坏人子弟。凡家居不应有之事，官中无所不有。虽居官者纪范极严，然时而升堂，时而公出，检束总有不到，仆从人等，饱食群居，焉能尽安素分？如要钱唱曲，养鸟畜鱼，嬖优伶、狎娈童之类，何地蔑有？衣美食肥，犹其小者子弟，血气未定，易为所惑。且若辈

唯恐不当公子之意，用事者以此固宠，未用事者以此邀恩，一有所溺，父兄之教难行，为害不浅。况官非世业，久暂靡常，子弟即幸无外染，而饱暖嬉闲，筋驰骨懈，设不能仰给于官，将无所恃以自立。故惟子弟可治儒业者，携之官中，俾受严师约束，其他不若各就所长，令其在家治生，以为久远之计。

亲友不宜概听赴署

至亲密友，义不可却。及可资照料者，偕至官中，不无臂指之助，即酌量赠遗，力尚能支。然有恒产有恒业者，必不肯离家远出。惟无用之人，多乐随任。不知官中公事，须延幕友。官亲可办，不过仓库，仓库并关重大，非深可倚信之人，不敢轻托。一时面软，挈之而去，至于无所事事，徒兹悔怨，非惟无益，而又害之，何如实言婉谢

之为得乎？

愿朴亲友当厚遇

官中用人，大率以势交，以利聚，皆乌合也，一朝去官，东西散矣。惟愿朴者有性真，多能委曲相依。此种人平日无可表异之处，必须留心厚遇，以备无用之用。

任所不可无眷属

挈眷之官，累也，然实有万不可已者。署无眷属，则宅门内如客寓然，一切俱无检束。官一升堂拜客，仆从即无顾忌，遇公出，晚夕印匣亦难信托。昔有同僚，孑然在官，腰间悬匙累累，每出必与印偕，殊非体制。或以姬妾任之，则又不可，贤明者百无二三，小家女何知大义？属理内政，势有不能。万一小有色艺，驯至恃宠揽权，祸更有不可胜言者，《采蘋》之诗，颂有齐季女，有以夫！

嗜好宜戒

一人之身，侍于旁者，候于下者，奔走于外者，不啻数十百人，莫不窥伺辞意，乘间舞弊。不特声色货利，无一可染，即读书赋诗、临池作画，皆为召弊之缘。当其兴到时，或试以公事，稍有不耐烦之色，即弊所从起也。人非圣贤，谁无嗜好？须力自禁持，能寓意于物，而不凝滞于物，斯为得之。

饮酒宜有节

豪士文人，类多善饮。必止酒而后可为治，非通论也，但不为之节，最易误事。即于事无误而被谴者，必曰适逢使酒，即官声之玷矣。余佐幕时，主人多善饮者，皆与之约，非二更扃宅门后不得举杯。故不必有止酒之苦，而未尝居耽饮之名。

暇宜读史

经言其理，史记其事。儒生之学，先在穷经，既入官则以制事为重。凡意计不到之处，剖大疑，决大狱，史无不备，不必凿舟求剑，自可触类引伸。公事稍暇，当涉猎诸史，以广识议，慎勿谓一官一邑，不足见真实学问也。

用财宜节

士既服官，凡官之所需，及应酬种种，与官俱来者，断不能省。然官一而已，非阖家皆官也。一人官而家之人无不官样，禄其足济乎？且即官之一身，衣服可以肃观瞻，舆仆可以供任使，似亦足矣。或者备美是求，有一带而悬表佩玉，极其华丽，费及千金，他物称是者，究之官声贤否，全不系此，而亏累因焉，果何为哉？故优伶宜屏也，宴会宜简也，裘马宜朴也，家人之衣饰宜俭也。量入

为出，节用之道，如是而已。借曰：缺美息阜，则有原思用九百之义在，岂患货之弃于地者，而况其未必然耶？

不节必贪

国家澄叙官方，首严墨吏，微特身之辱也。祖父曾犯赃私，子孙虽贵，不准封赠；子孙于封赠祖父后，干犯赃私，并追夺诰敕，是下辱子孙，上辱祖父矣。人即不自爱，未有甘以墨败者。资用既绌，左右效忠之辈，进献利策，多在可以无取可以取之间，意谓伤廉尚小，不妨姑试，利径一开，万难再窒。情移势逼，欲罢不能，或被下人牵鼻，或受上官掣肘。卒之，利尽归人，害独归己，败以身徇，不败亦殃及子孙，皆由不节之一念基之。故欲为清白吏，必自节用始。

宅门内外不同

宅门以外，官也，规模狭隘，则事上接下，无往非获咎之端。宅门以内，家也，规模阔大，则取多用宏，随在皆亏帑之渐。

勿使家人有居官之乐

造物劳我以生，无论在官在家，总无逸居之日。仕而引退，非尽求自逸也，必自问有不能胜其任者，因不敢旷官窃禄。仕路何常，宜止则止。顾有知止而不获止者，大率家人累之。家人乐于在官，即有不能去官之势。故居官时须使宅门以内，仍与家居无异，女红中馈，不改寒素家风，则家人无恋于一官，而退计不难自决矣。

出纳不可不知

身兼庶事，万不能琐屑理财，然出纳之数，断不可不

知。尽委经手之人，而已不与闻，则我不挪移，有挪移者；我不侵盗，有侵盗者，至交代时，水落石出，噬脐无及矣。宜属司管钥者，分列正入、正出、杂入、杂出四簿，按旬一小结，按季一大结，随时检阅，则仓库出入相符不相符，有馀不足之数，一一在心。设遇去官，交代册籍，顷刻可成，虽猾吏无能为弊，更可不致遗漏款目，受后任之推敲。

繁简一理

或曰：此行于简僻小县则可，恐繁剧之地，势不能行。余应之曰：苟不耐烦，虽简僻何所用之？不则地异而理一也，何难行之有？夫号称繁剧，不过增驿站、多迎送耳。亦可另设一簿，以览其要。特立法非难，任人为难，有治人，无治法，安所得诚信之人而任之，官之所以不易

官帑不可亏那

侈靡之为害也，取之百姓不已，必至侵及官帑。其始偶然，继乃常然，久且习为固然，而忘其所以然。夫因公那移，即干严律；虚出通关，亦罹重谴；况以私用而亏官帑，实为侵盗乎？纵或幸逃法网，神且鉴之，矧法亦未可苟免耶？上官之喜怒，一身之疾病，公事之降革，皆不可知。官帑无亏，不过夺职而止；不然，将有制其命者，所当于用财时先自谨也。

仓储宜实

夫民亦知积储之不可少也。实买实储，事原易行，自换斗移星，权归胥吏，而有名无实，窒碍多端。初犹藏价于库，终且库亦虚悬，而仓愈难言矣，遇有交代，辄移价作收。然尧水汤旱，盛世不免。设遭歉岁，生民之命，系于

仓储，万一欲赈无粮，欲借无种，嗷嗷哀雁，恐不能以美言市也。昔余佐幕浙中，尝以此意语主人，求实仓廪，主人颇不河汉余言。比官湖南，亦持此论，诫勉同官。盖库亏尚可补苴于一时，仓空万难筹措于临事。有备无患，守土者何等关系，其可度外置乎？

称职在勤

吕氏当官三字，曰清、曰慎、曰勤，所谓三岁孩子道得，八十岁老翁做不尽者。尝与同官侍王蓬心先生，论三事次第，先生以清为本，同官唯唯，余谨对曰：『殆非勤不能』。先生曰：『何故？』则又对曰：『兢兢焉，守绝一尘矣，而宴起昼寝，以至示期常改，审案不结，判稿迟留，批词濡滞。前后左右之人，皆足招摇滋事，势必不清，何慎之有？』先生曰：『诚知君之得力有自也。』因为同官交

事，则好事之徒，安得不闻风而起？小则累人，大则自累，知政体者，不宜为此察察也。

书版摺以备遗忘

官之一身，实丛百务，精神稍不周到，即开左右窥伺之机。宜设粉版一方，将应办事件，随手登记，办一条，抹一条，自无遗忘之患。事须谨慎者，或密书手摺志之，总不必阳诩精明，授人罅隙。

勿轻荐幕宾长随

此爱人之道也。幕宾、长随利弊，前已历历言之。寮友访人于我，果相信有素，自当应其所求。如以素未深信之人，姑为塞责，使寮友以信我之故，过信其人，万一误事，何以相见？故素未深信之人，断不必徇情说项。或有推荐，亦当详其所长，不讳其所短，使用之者可略短以取

长，庶于事无偾，于心可安。

公过不可避

语有之，州县官如琉璃屏，触手便碎。诚哉是言也！一部《吏部处分则例》，自罚俸以至革职，各有专条。然如失察，如迟延，皆为公罪，虽奉职无状，大率犹可起用。若以计避之，则事出有心，身败名裂矣。故遇有公罪案件，断断不宜回护幸免，自贻后諐。

私罪不可有

凡侵贪挪移，以及滥刑枉法诸条，皆己所自犯，谓之私罪。夫公罪之来，虽素行甚谨，亦或会逢其适；私罪则皆孽由自作。果能奉公守法，节用爱人，夫何难免之有？

事难入庙者断不可为

为吏者，欲求不愧不怍，衾影无惭，万万不能势会所

勖焉。凡余臆说，力求称职之故，固无一不恃乎勤也。

勤在以渐以恒

嗟呼，勤之为道难言矣！求治太急者，病在躁。疾行无善步，其势必蹶，道贵行之以渐。一鼓作气者，病在锐，强弩之末不能穿鲁缟，其后难继，道贵守之以恒。渐则因时制事，条理无不合宜，恒则心定神完，久远可以勿倦。靡不有初，鲜克有终，念之哉！

署印与实任不同

实授之官，吏民皆知敬畏，浃之以德，感而化焉，俗虽弊，可以循循诱也。署印官地方，格格不入，风土驯良，犹可循分为之，若刁悍疲弊之俗，万难措手。力求称职者，养痈贻患，既心有不安，稍欲整顿，则群焉诧为怪事。吏役既呼应不灵，士民亦恩威难洽，缓之则骄玩益甚，急

之则谤讟繁兴。上不负公，下能善俗，其何道之从？人地相宜，唯用人者权之耳。

会办公事勿瞻徇

事由专办，自可慎始图终。若以数人会办一事，心术难齐，才略亦异，尤宜细细协恭商酌，万一意见龃龉，或罪关出入，或案有支离，当将利害关键，剀切明言，言之不听，不妨直抒己见，向上官委婉禀陈。切不可附和雷同，昧心分谤，持论须秉公，慎勿偏持矫激，转自居于理绌也。

勿以私人为耳目

事来辄理，即非旷官。有等恃才之吏，假私人为耳目，风闻访事，幸而偶中，自讶神明，流弊所至，必有因风吹火，李代桃僵者。夫民间多事，全赖官为检省，官先喜

乘，容有不能不为、不得不为之事。但其所以必为之故，尚近于公，要可告之神明，如恋栈虐民，或逢迎希进，法纪不顾，甘为罪首。发念之端，不可以入庙门者，断不可为。余自勘生平佐治多年，坚守合则留、不合则去之义，主人亦不余强，幸免疚心，入官以后，行有不慊于心者矣。然每入神庙，检点此中，犹可自白，或者其无大谴乎？甚矣吏之难为也！

上下易隔

嗟乎，吏之难为，盖非一端已也。上官易事也，而有致我不能事者；下民欲爱也，而有致我不能爱者，中有所隔也，隔我者我可察之，我为所隔者，非我得自为也。昔南唐潘在庭，以财结势要，曰：『非以求援，但恐其冷语冰人耳。』冷语之冰，端士尤甚。于此而欲不伤品，不招

尤，谈何容易矣。

当思官有去日

居官时不患无谀词，而患无规语，民即怨诅，不遽入耳，迨去官而贤否立判。民有恋惜之声者，贤吏也。苟其不贤，道路相庆，虽迁擢去，不能防民之口。去以他故，诟詈随之，候代需时，有莫为之居停者矣。故治柄在手，当时时念有去官之日，自然不敢得罪于群黎百姓。

勿沽名邀誉

如之何而可不得罪于群黎百姓？曰：诚而已矣。三代直道之风，今犹古也。为治有体，焉得人人而悦之？一有沽名邀誉之私，其奉我以虚名虚誉者，即导我以偏好偏恶，而便民之事，亦且病民。惟出之以诚，求尽吾心焉。有隐受吾庇者，虽奸胥蠹役、讼师地棍之类谤声交作，不

足恤也。

守身

事君不忠，谓之不孝。守身云者，非全躯保妻子之谓也。致身之义，安危一理，非遭授命之时，当凛全归之念。不惟败检玩法，方为辱亲，即肆虐百姓，道路有口，秽及父母，辱莫大焉。闻诸吾师孙景溪先生（尔周）曰：『牧民者，能立身行道，扬名于后世，以显父母，百无一二。但与部民相安，毋贻父母恶名幸矣』。官惟州县最近，辱亲亦惟州县官最易。《诗》曰：『无忝尔所生』。子曰：『君子怀刑』。孟子曰：『守身为大』。尝以三言自儆，其庶几乎？

为治当念子孙

民易虐也，然虐民者，往往无后，悖入悖出，其显焉者已。将治士子，则念子孙有为士子之日；将治白丁，则

念子孙有为白丁之人，自然躁释矜平，终归仁恕。宁远勘丈之事，旧多反覆，余尝誓于两造曰：『吾才识势不能周，如有袒私，他日尔子孙斗争，吾子孙亦斗争；尔子孙以斗争酿命，吾子孙亦以斗争酿命。愿尔子孙自吾此勘，永杜争端，即吾子孙之幸也』。四年间，本境勘案，及委勘邻境之案，从无翻异者。未必果无差谬，吾心尽，则人亦谅之。故为治者，治堂下百姓，当念家中子孙。不然，喜怒由己，枉滥必多。余学肤德薄，深惧不能为治，到官之初，撰十四言悬之客座曰：『官名父母须慈爱，家有儿孙望久长。』时时循览自省。比去官，邑绅赠余别联曰：『为政真如慈父母，愿公长得好儿孙』。盖即用座联之意，受之弥增愧恧。

还乡

去官之后，即为乡人，自应还故乡，依先陇。尝见罢官者，或居宦游之省，或籍流寓之方，不知人尽可官，独遭运会。緜緜先德，钟萃一身，幸得禄养，钓游之地，亲所不忘。不则，宰树茔田，均当料理，何忍一盂麦饭，委之他人？且邻里皆非宗习，过从类属新交，非有香火之情，又乏葭莩之谊，设遇缓急，谁复相关？子孙皆贤，尚能自立，倘材质未能过众，又孰与董率而扶掖之？熟筹全局，请为诵五柳先生《归去来辞》。

从公夙夜匪懈谓之勤，行不放逸语不宣泄谓之慎，清洁之操一尘不染谓之廉，见理透彻是非立辨谓之明。则人必畏而爱之，则而象之矣。

居官办事，以诚、敬、忠、爱为质，以文字章句为华。存诚主敬，竭忠尽爱，以修其质，行有余力，讲求文字，以事其华，此所谓金相玉质，内外俱美，国之宝也。若不务实，行浇漓作伪，徒以刀笔为工，犹如饰画朽木，悦目一时，此所谓滑吏之资，非可充栋梁之用也。

居官办事，全凭公心。一人所见以为是，未必即是；一人所见以为非，未必即非，当求公是公非。盟诸幽独无惭色，合诸同官无异词。其所谓公者，非曲从众议之谓也，求其事理当然之谓也。即如谦、和二字，岂非虚怀，若有所为而为者，又属私心。《语》曰：『知和而和，不以礼节

之，亦不可行。』何则？凡迎合上意之人，犹目之为佥壬小人，若一味曲从下情，试思更为何如人耶？惟存心公则念虑诚，诚则识见高明，处事自得其理。所以是非当否，全在公私二字之间，公私之辨，又在机微念虑之间，皆难以悉喻，即于人之所秉良知良能上自省自问耳。

居官立身，固以操守为本，但《洪范》所称『有猷、有为、有守』，三者并重。若仅以操守博取名誉，而乃悠悠忽忽，于地方事务不能整顿，苟且塞责，姑息养奸，贻害甚大，盖此等官无所取。于民而善良者，感之不能禁民为非，而豪强者颂之，无所取。于属员而循分者，安之不能禁属员妄为，而贪劣者称之。刁生多事而宽待之，劣绅不法而姑容之，故刁生、劣绅皆言其和平。甚至胥吏作奸而不能惩，盗贼肆行而不能禁，自胥吏至于盗贼，皆乐其安

盖用人行政之际，与夫修德涵养之功，不可一例论也。

俭为美德，以之律己犹可，以之观人，则往往受其惑。公孙弘之布衣，卢杞之恶食，皆藉此欺君，而天下国家因之凋敝，此亦色取仁而行违之明证也。若官尊任重，能察吏安民，虽服食华美，亦何伤于素位。而行若徒淡泊其身，盗窃名誉，属员之贤否，地方之利弊，耳塞无闻，则又安用此兒兒不食之陈仲子哉！

人非圣贤，孰能无过？即颜子亚圣，只以不贰过见称，亦未尝竟免于过也。诚能知既往之非，改切己之过，即是圣贤克己工夫。然知非改过，非至聪明，断然不能。何也？庸人一生读书，句句莫非格言，且书自书，而我自我，终不能身体力行，一闻朋友言己之过，岂能翻然改悔？亦不过徒修边幅，欺天诳人，而文饰自恕耳。当思朋友纵有规过之谊，然非君臣可比。为人臣者，或有欲杀身成仁，面折庭诤以冀不失身后之名，而于朋友之间，何故为无名直谏，徒自招尤？谦虚下问，尚恐不能得人真心实话，若偏僻自用，则同僚不过袖手旁观，侧目冷笑耳。

浸润之谮，肤受之愬，不行焉，可谓明远。大凡谮愬之辈，多无信实之言，利于中伤，惯于播弄，惟在受与不受耳。即如有人来告某人退有恶言，必当察其出于真诚耶，抑或激我之怒，窃记我语，复以播扬于人耶？如某人果有恶言，亦当反而寻思我之是耶，非耶，如我之非，何怪人言，我之是矣，其言何害？且身为大臣，惟当秉公持己以自勉，使人无瑕可指，方不愧精白自矢之节，苟其有干物议，即系平日不能深信于人。谚曰：『御寒莫若重裘，止谤莫若自修。』如遇无故加之者，皆因其彻底糊涂，本属可怜之人，可笑之具，又何必为之分争耶？但事不审理，易动声色，皆由血脉之偏，肝气之病，每至不能容忍。自知是病，则胸中涣然自释矣。

《大学》云：心有所忿懥、恐惧、好乐、忧患，不得其正。夫心不正，则是非可否皆不得其当矣。周子云：无欲则静虚动直。静虚则明，明则通。动直则公，公则溥。可见人之心必静虚动直，而后应事接物，可得其平。若一有偏向，则静不能虚，动不能直，又安望其明通公溥哉！夫有所者不过流于一偏而已，足为心之累。至于有我，则全是自私自利之心萦绕固结于中，但知有己，不知有人，其心之不正更甚矣。古称溺爱者不明。凡溺爱他人，则不能辨其是非，而不免于惑；若溺爱己身，但见其是而不见其非，但见其可而不见其否。沉惑迷谬，以至过咎日丛，愆尤日积，而不悟其害，尚可言哉。

礼、义、廉、耻，国之四维，所指者远，所包者宏，当求其大者以为务，而不可局于仪文末节间也。以礼言之，如化民成俗，立教明伦，使天下之人，为臣知忠，为子知孝，此礼之大者也。进退周旋，俯仰揖让，此礼之小者也。以义言之，如开诚布公，荡平正直，使天下之人无党无偏，和衷共济，此义之大者也。然诺不欺，出入必谨，此义之小者也。以廉言之，理财制用，崇俭务实，使天下家给人足，盗贼不起，争端不作，贪官污吏无以自容，此廉之大者也。箪食豆羹，一介不取，此廉之小者也。以耻言之，行义达道，兼善天下，当以君之不为尧、舜为耻，当以一夫不获其所为耻。若夫乡党自好，不失言于人，不失色于人，此乃耻之小者耳。士人以天下为己任，岂可徒知小节而不知其大者乎。

士之有气志而思富贵者，必能建功业，有气志而轻爵禄者，亦能立名节。二者虽其志向不同，然时危世乱皆人君之所急也。何者？非好功业，不能戡乱，非重名节，不能死难。或好功业，或重名节，皆可以大任。惟平澹和雅，世所谓君子者，平居既不能急公理繁，临难亦不能捐躯济危，可以羽仪朝廷，润色名教，如宗庙之瑚琏、园林之鸿鹄耳。

国家设官分职，牧养斯民，期于家给民足，然后人知自爱，敦礼节而耻为非。若上官不知爱惜民财，不肖州县专事逢迎，上官过境，预备供给，藉口谓之稍尽地主之谊，胥役因而苛索，敛钱包揽，百弊丛生，闾阎安得饶裕。近见上司到任送礼，三节、生辰送礼，谒见则有门包，办

公则有科派，甚至贴赔使费，筹补帮助，预备赏号，分派垫办等款，委员差费、压荐幕友，滥送长随，索讨干修等项，以上均取之于属僚，有事自得包庇，至于牧养之法，教化之方，概置不问。缘由上官不以吏治为事，始开其端，久之随波逐流，遂成锢弊，今欲清其源，责在大吏也。

大吏最难，属员窥伺投其所好，粉饰欺隐，无所不至。必须毁誉不动于中，喜怒不形于色，具有包罗所属之襟怀，与夫统驭群僚之器量。不徒论其操守，更当考其经猷。不徒贵乎不徇私，更当求其不偏执。不可惟务虚名而废实事，不可但求洁己而不奉公，不可以因循为安静，不可以生事为振作。毋偏柔善以盗宽大之誉，毋事姑息以邀属员之感，毋徇朋友之情而欺主，毋受权要之讬而诳君。当以诚敬格天，忠爱图治，公正率属，威惠驭下，视国

计，有利于民生而又不背理碍公者，皆属当行之事，不可因人喜怒有所趋避也。如其违理违例者，亦不可一听怂恿，但顾目前不计日后，将兴一利，利未举而弊先伏；将除一弊，弊未去而害更甚。总期谋终可成，然后始事斯举。至于刑钱案件，专司考核，且为上下关键，不可瞻徇扶同，致使是非颠倒，下结民怨，上干天和。若有一夫不获其所，如己推而纳之沟中，如此存心，方可为民公祖。切不可沾染近习，官不肯虚心以察吏，吏不肯实心以爱民，遇事唯念身家，行法不计久远，实心任事为多事，颟顸了事为能事，花言巧语为能干，揣摩迎合为练达。甚至形同木偶，宴坐衙斋，权操幕友，威移丁役。遂使吏治废坠不能振拔者，皆缘局于俗庸之陋习，非有远大之器量者也。

牧令有教养斯民之责，故民呼谓父母，必当顾名思义，休戚相关，以目前之赤子，犹如膝下之儿孙，民之所好者好之，民之所恶者恶之。恶丁役之虐我民，则管束不得不严；恶盗贼之劫我民，则缉捕不得不力；恶差徭之累我民，则供给不得不减；恶稼穑之劳我民，则催科不得不慎；恶荒歉之乏民食，则仓储不得不备；恶旱涝之害民田，则水利不得不兴；恶词讼之妨民事，则审理不得不速；恶异端之惑民心，则查拿不得不紧。亲民之官，须将亲字作到。州县所属地方，广狭不一，事务繁简不同，然一月之中，岂无斋戒停刑之日，亦有因公下乡之时。果能乘此余暇，不辞劳瘁，亲履田间，与父老子弟欢然，相接如家人父子，言孝言慈，课晴雨，谈闲话，劝勤俭，戒浮惰，贤者礼之，愚者教之，嘱其勿争讼，勿赌博，勿妄为，勿窝匪，勖之以孝悌，勉之以耕桑。启其固有之良，化其浮惰之性。因而询问疾苦，讲求利益，审物土之宜，顺闾阎之便，利所当兴者举之，害所当除者去之。设义学，宣圣谕，邀集绅耆，讲求水利，编查保甲，建立社仓，开垦荒田。即山泽园圃之利、鸡豚桑麻之细，亦皆为之擘画，鳏寡孤独废疾亦皆为之谋食。知为臣不易之道，实心实力，教养兼施，俾小民各得其所，虽不能移风易俗，亦可使之乐业安居。作此仁民爱物之事，不负父母斯民之称。近因习尚日偷，士子读书，只知弋猎科名，于圣贤淑世牖民之旨，全未身体力行。较缺分之肥瘠以为趋避，伺上司之喜怒以为荣辱，凡为国爱民之义，茫然无所动于中。养尊处优，深居简出，小民终年不得见面。即或下乡，前呼后拥，小民视之较若鬼神，欲求其书差、家丁不狐假虎威、骏削膏脂、凌侮索诈，岂可得乎！正途出身，所行如此，其捐纳保举者，更难言矣。

将帅者，国家之藩辅，三军之司令也。率熊貔之士，割亲亲之谊，赴不测之地，以之蹈白刃，共安危。智者统之益神其智，勇者统之益大其勇。良由爱兵如己子，保民若婴儿，受命之日不问家，交战之时不顾身。有难身先之，有功身后之，得金玉不自宝，得子女不自使。军未食不食，军未饮不饮，同甘苦。视疾病伤者怜而养之，死者哀而葬之，贤者礼之，勇者励之，谋者亲之，智者用之，饥者食之，寒者衣之。体人之心所以得人之心，爱人之身始能用人之身。为国求才，总揽英雄，不为利挠，不为势趋。宠之不喜，辱之不惊，罚不贷贵，赏不遗贱。纪律严明，秉心如秤。是以发号施令，人皆乐从。倘不恤其下，安自尊大，肥甘自奉，轻暖自适，货财自好，刚愎自用，贪得无厌，嫉贤妒能，料彼不自料，犹豫不自决，奸诈而心怯，狂言不以理，欲以为将，不能一朝居矣。

人臣之行，有六正六邪。何谓六正？萌芽未动，形兆未见，昭然独见存亡之机，得失之要，预禁未然之前，使主立乎显然之处，如此者圣臣也。虚心尽意，日进善道，勉主以礼义，献主以长策，将顺其美匡救不逮，如此者良臣也。夙兴夜寐，进贤不懈，数称往古之行事以励主意，如此者忠臣也。明察成败，早防而救之，塞其闲，绝其源，转祸以为福，使君终以无忧，如此者智臣也。守文奉公，任官职事不受赠遗，辞禄让赐，饮食节俭，如此者贞臣也。家国昏乱，所为不谀，敢犯主之严颜而言其过，如此者直臣也。何谓六邪？安官贪禄，不务公事，与代浮沉，

左右观望，如此者具臣也。主言皆曰善，主为皆曰可，隐而求主之所好进之，以快主之耳目，偷合苟容，与主为乐，不顾后害，如此者谀臣也。内实险诐，外貌小谨，巧言令色，嫉贤妒能，使主赏罚不当，号令不行，如此者奸臣也。智足以饰非，辩足以行说，内离骨肉之亲，外构朝廷之乱，如此者谗臣也。专权擅势，以轻为重，私门成党，以富其家，擅矫主命，以自贵显，如此者贼臣也。谄主以佞邪，陷主以不义，朋党比周，以蔽主明，皂白无别，是非不分，使主恶布于四海，传于邻邦，如此者，亡国之臣也。

天下有权臣、有重臣，其迹相近而其所为迥不相类。夫权臣之用意，必将内悦其君之心，委曲听顺而无所违戾，外窃其生杀予夺之柄，黜陟天下以见己之权。内能使其君欢爱悦怿无所不听，外能使公卿庶吏归命而争为之

腹心。上爱下顺，合而为一，然后权臣之势遂成而不可拔。至于重臣则不然。君之所为不可则必争，争之不从，而其事有关社稷必不可行者，则不奉诏，事不得已便宜专行而不顾。其在朝廷之中，天子为之踧然，大夫为之忌惮。庆赏议其可否而不求为己之私惠，刑罚参其轻重而不求为己之私势，此重臣之所为也。

治道 吏政

夫贤与能，理本一致，岂容歧而为二！设官所以养民，即钱谷刑名，何一不关斯民要务？能者擘画裕如，闾阎阴受其福，非贤而何？若但以平澹和雅为贤，则是禄禄无能之徒。一无表见，转得自诩为悃愊无华，不知其于地方公务废弛，生民其又奚赖焉。

才与德相为表里，德蕴于中，才应于外，德为才之体，才为德之用。有德者必有才，而不可恃才以自用。若德优于才，犹不失为君子，若才过于德，终恐流为小人矣。夫临事而惧，好谋而成，有德之才也。刚愎自用，察察为明，无德之才也。用人固取才识，亦必先观德行，大智若愚，德胜才也，大诈若忠，才胜德也。修己观人之道，宁使才不足，不使德有歉也。观其德而用其才，终归实际，爱其才而略其行，贻害必深。用人之道，不可不慎也。

士大夫或出于文学，或出于治道，朝廷开此二途以取人材，未尝偏有轻重也。故进身之阶亦随其所遇，人品之贤不肖，初不系其身之为儒为吏也。自风俗之坏，士习不端，或以徒隶遇佐职，甚者先以机诈待之，流品不一。而佐职亦有以徒隶自居，身辱而不辞，名败而不悔。于是廉耻之节废，苟且之心生，顽钝之习成矣。

夫门资者，乃先人之爵禄，无关子孙之贤愚。刀笔者，乃身外之末材，不妨志行之浇伪。若但取门资不择贤良，唯试刀笔不问志行，断乎不可。门资之中得贤良，是策骐骥而取千里也；门资之中得愚蒙，是土牛木马，形似而用非，不可以涉道也。刀笔之中得志行，是金相玉质，内外俱美，实为人之宝也。刀笔之中得浇伪，是饰画朽木，悦目一时，不可充栋梁之用也。

天下之人，但知仁主于慈，义主于断，仁主于宽，义主于严，以仁义各为其用，而不知其相济相资，不可须臾离也。盖有仁而无义，则姑息之爱，不合于事理当然之则。孔子曰：『惟仁者能好人，能恶人。』盖其所好所恶，必合于事理之宜，而后天下享仁人之福。所谓杀一人以安千万人，义之至，正所以为仁之至也。即如翦除盗贼，义

也，盗贼既除，则良善得安，岂非仁乎？惩创凶顽，义也，凶顽既惩，善者益勉于善，而不善者相率迁于善，岂非仁乎？其互相为用之处，皆可以此类推。其分仁义为二而不能融会贯通者，则见理不透故也。

教养虽属二端，而实则相为表里。衣食足则可兴礼义，饥寒迫则罔顾廉耻。不能养不可以言教，不能教不足以谓养，故教即在养之中，养即收教之效也。今之司牧者，但知用心于刑钱，自顾考成，苟免无过，便为得计，上官亦即为称职。求其有视百姓为一体，视民事如家事，经画有方，劝课有法，使地无遗利，家有盖藏者，百不得一。贾谊所谓移风易俗，使天下回心向道，类非俗吏之所能为也。

安静近于因循，雍容近于怠忽，干惕近于拘滞，振作

近于多事，迹虽相类，而其实不同。无事时不可多事，有事时不可因循，大事执礼，小事通权，要在审观时势，相度机宜而为之。并置毁誉得失于度外，方能处非常之事一如其常。否则有所牵掣，皆信道未笃见理未明故也。

天下之事，有一利必有一害。凡人之情，有所矫必有所偏，是以中道最难。先儒所谓『子莫所执』，乃杨、墨之中，非义理之中也。必如圣帝明王，随时随事以义理为权衡而得其中。至于为政之道，不外宽猛相济。所谓相济者，非行数端宽厚之事随济之以数端之猛，行数端猛烈之事随济之以数端之宽，惟在斟酌于情理之中。宜宽而宽，宽而不失于慢，其所谓宽者，非纵弛之谓也。宜猛而猛，猛而不失于残，其所谓猛者，非刻薄之谓也。宽猛得宜，乃为相济，未有遇事之先，横宽猛于胸中之理也。且

宽厚二字，非可一概视也。厚民生，纾民力，加惠兵丁，施恩百姓，皆为宽厚。若夫姑息以养奸，优柔以纵恶，以待善良者待奸蠹，听其贻民害而蠹国事，则适足以成其惨刻残忍而为不宽厚之尤者也。

无至诚恻怛忧天下之心，纵无暴政虐刑加于百姓，而天下未尝不乱者，何也？盖以因循苟且，趋过目前而不为久远之计。不思所膺高爵厚禄，朝廷待之不为不优，而幸济升平，又无折冲宣力之事，其稍可自效者，不过正己率属而已。再不振拔精神，殚竭血诚，自以为祸灾可无及其身，往往身遇祸灾而悔无及，虽或仅得身免而患贻于后世矣。

天下治乱皆有常势，是以天下虽乱而圣人以为无难理者，其应之有术也。人民流离则安之，乱臣割据则伐

之，权臣专擅则诛之，四夷交侵则攘之。凡此数者，足以害民蠹国，然其所以为害者有其状，故其所以救之者有其方也。天下之患莫大于不知其然而然者，是因循不治，拱手而待乱也。

凡事规略未详悉固不率行，利害非相悬固不苟变，欲拯积弊，须穷致弊之由。时弊但理其时，法弊全革其法，而又揆新校旧，虑远图难。若知弊之宜革而所作兼失其源，知简之可从而所操不得其要，则旧患未去新沴复滋，救跛成痿，辗转增剧，斯皆以弊易弊也。且好革而不原终始，令下而诈起，难行而拂众意，法出而奸生。惟当视俗施教，察失立防，然后可以政调于时矣。

从来与民休息，道在不扰，多一事不如少一事。自古帝王治天下，因革损益，原期尽善尽美，但无数百年，不

弊之法果属法弊，难行自应参酌时宜，归于可久。若制度既定，本可遵循，只以奉行不力，此乃人弊耳，于法乎何尤？近有只邀虚誉，不务实理，欲见己长，不顾政体，每以循例应行之事不足以结主知而动众听，逞臆度以变法，务一得以更章。其说以为利民，而其实利未见而害随之矣，致使元气虚耗，民生日蹙，良可慨也。惟愿天下大小文武，各抒实心，各宣实力，谨依良法，善体美意，于化民成俗之道有赖焉。

国家政治，在乎得人，自大吏以至于一命，皆有其责，而一身之分量等级，庶事之兴废优劣，胥视乎此。惟政有缓急难易，人有刚柔短长，用当其可，虽中人亦可有为，即小人每能济事。用违其才，虽能员难以自效，即贤员或至误公。惟当量材器用，俾官无弃人，斯政无废事

矣。且制置之安危由势，付授之济否由材。势如器焉，惟在所置，置之险地则覆，置之夷地则平，材如负焉，惟在所授。授逾其力则踣，授当其力则行。故负重者不可以微劣，胜器大者不可以轻易处。有巨力而加重负犹恐蹶跌之不虞，择安地而置大器尚虑倾覆之难备，安有委非所任、置非所安而望其不颠不危，固亦难矣。

用人不易，诚实者或才具平庸，机警者或器识偏狭，簿书俗吏不晓先王之典章，章句腐儒不谙律令之旨要。刀笔之吏赴于几案之下，长于官曹之间，因无温裕文雅以自润，故多察刻。竹帛之儒起于讲堂之上，游于乡校之中，因无严猛断割以自裁，故多迂缓。至于知人尤难，若据舆论以定贤不肖，往往致有错误，凡众之所好者，非明体达用之全才，即是同流合污之乡愿。夫全才之人以诚

敬、忠爱居心，以清慎、勤和处事，气识宏深，德能广大。至于乡愿之行则不然，巧于迎合，工于窥探，托小廉曲谨之名，为欺世诳人之事，此所以为德之贼也。凡众之所恶者，或糊涂荒谬、乖僻拘滞，或残忍苛诈、任性妄为，甚或假耿直之名，为欺上凌下之事，其心但知有己不知有人，此又为吏之蠹也。又有一等奸巧之徒，上司有所委托，稍涉繁难，则称非分内应办之事，逡巡退缩，怀诈诡避，以沽不阿之名，此又不能为人用者也。更有一等好事之徒，不安本分，惟所欲为窥意怂恿，百计投合，一入彀中，便逞私智，此又不可用者也。为上司者，惟当随时审察，因事体验，衡情以应之，酌理以处之，庶无大谬矣。

理胜于词谓之忠，词胜于理谓之佞。每见谄谀之辈，巧舌如簧，上作一事，彼必揣所悦意者则侈其言度，所恶

乎去其累民者，使其宽然自得，各谋其生，各安其业，而后富足可期。近见有司刻核居心者，以苛察为能，昏庸寡识者则甘受蒙蔽，以致累民之事往往而有。即如催征钱粮，而差票之累倍于正供，拘讯词讼，而株连之累倍于正犯，抽分厘金而落地守卡给票验票，民之受累倍于富商巨贾。至于查拿私盐之累，胥役、营兵因缘为奸，佐职、武弁横肆贪酷，一案化为数案，一人波及数人，如此类推，不可枚举。其因循不振者，即藉口与民休息，道在不扰。曾不思我不扰而有若辈之扰也，若不留意于厘奸剔弊，即失之于纵弛。偶有号称任事者，徒申教令，但务勾稽，而无当于明作有功之实效，是知求之于民而不知求之于治民之吏也。夫安民在于察吏，不在多设科条，转滋纷扰。所谓有治人无治法，诚探本之论也。

治乱之要，本乎吏治民风，为吏尽职，为民守分，各居其道。治理民安，则国家可以长保，故为政者必以安民为本。安民之道，必以养民为先。惟期顺天因地为之擘画，俾斯民饱食暖衣，太平有象。民气和乐，民心自舒，民生优裕，民质自驯。返朴还淳之风可致，庠序孝悌之教可兴，礼义廉耻之行可敦。然非吏治克修不能感召天和，使雨阳时若，百谷顺成，登苍生于衽席也。

胥吏未在官之先未必尽属不良，及一入公门，而口之所出多非实言，身之所行多非正事，盖不如是则不足以给一家之用。何也？彼既在官，即以公门为恒业，上不能读书以求禄，次不能耕作以谋生，数口之需皆望于公门之所出，使口必择言，身必择行，将终岁无担石之入矣。室人交谪，嗷嗷待哺者，孰能为之养育耶！势不能不丧其本心，言不义之言，行不义之行，以取不义之财，以给一家之用。及取之既惯，则竟视为应得之物，遂至忍心害理，大肆贪残而天良丧尽矣。

唐朝取人，以身、言、书、判四者为准。始集而试其书、判，已试而铨察其身、言。夫济世之略存乎心，非系乎身之丰瘠也；泽民之志隐乎衷，非系乎言之辩讷也；经世之文见乎辞，非系乎书之工拙也；牖民之具根乎德，非系乎判之敏钝也。若必以此四者为准，杜预之身不跨马，当见弃于晋武；周昌之言期期，当不用于汉高；王导之书不如羲之，何以为中兴贤相；司马光不能四六，何以为有宋名臣。取人于标而弃其实者，唐之选法也。然此法相沿，迄今不能更革者何哉？盖循法则易，为力更法则难为功也。

先王之政，固不可泥于必行，要必识其为政之方，与其所以施之之意而守之，以为制治之本。即如什伍之政，周用之仁民，使出入相友，守望相助；秦用之虐民，使一人作奸，邻里告之，一人犯科，邻里坐之。同一什伍之政，岂能仁民虐民哉！周、秦之心各别耳。

圣人觉世牖民之道，皆使荡平正直，使民遵循而不知。盖其心忠，故不忍以民之所不能者强而行之；而其心恕，故又不忍以己之所能者强以相绳。虽教之多术，无所不用其极，然不能强其必为圣人也。

夫谋远似迂人，皆忽而憎之，盖因其无攻身之急，无旦夕之验故也。今之百官莅任，求其功也速，责其过也备，非养交饰誉以待迁，即容身免过以待去，自非忧公忘私之人。大抵多怀苟且之计，既不肯为十年之规，况万世之虑乎！

人之处世犹如行路，断不能自始至终尽遇坦途顺境，既无风雨之困顿，又无山川之阻险。凡举一事兴一役，他人之扰乱阻挠已不可当，何堪自复犹豫疑难百端交集，如蚕吐丝，自缚其身。世间事，惟要审定一是处行之，但以圣人之训为当，遵先王之治为可法。要知是之所在，即天理所在，所行悉合乎天理，问心不愧，即可以对越神明。而舆情颂祝与否，以及利害毁誉，皆可置之不问。操此不拔之志以往，庶几有成矣。

天人之际有感必有应，其理显而易见。平庸之流或昧理妄求以徇己欲，则竟漠然而不应。一见其不应，遂以苍苍者为无灵而渺茫视之。始以邀福之心，继以不信之见则亦无所不至，故曰小人而无忌惮也。然信生于诚，诚者无私之谓也，即圣贤克己复礼之功。凡举一事兴一役，必先尽其心，竭其力，谋之人，听之天，而后冀有成功将见。人事尽于下，天道感于上，不期应而自应矣。

治道　户政

建官立国，所以养人也，赋人取财，所以资国也。明君不厚其资而害其养，故必先人事，而借其暇力，先家给而敛其馀财。遂人所营，恤人所乏，借必以度，敛必以时。有度则忘劳，得时则易给，是以官事无阙，而人力不殚，公私相全，而上下交爱。

利之一字乃圣人之所不讳，而贤者之所谨防。《易》曰：『利者，义之和也。』『利物足以和义。』《语》曰：『因民之所利而利之。』与《周易》正相发明。惟放利自私则不可耳。盖义利本非两截，用以利物则公而溥，是利即义也，用以利己则贪而隘，是利即害也。后人但见利人，遂将义利判然分为两途，孟子恐人舍义取利，日趋于害而不自觉，所以有『何必曰利』之说。所谓利物者，以百姓之资财谋百姓之衣食，上之人不过为之董率经画而已。所谓自利者，掊克聚敛，取下民之脂膏藉润私囊，致使民力益竭，民怨日增。其为利为害孰大焉。

任土作贡，天地之常经，守法奉公，生民之恒性，断无有食地之利而不愿输纳正供，以甘蹈罪戾者也。何以钱粮亏欠之弊，积习相沿，难以整顿？一则胥吏中饱之患未除，或由包揽入己，或由洗改串票，或将投柜之银钧封窃取，或将应比之户匿名免追，种种弊端，不可枚举。其故皆由于完欠细数官未尝显示于民，在官则以为民欠，在民则以为已完，故胥吏得以作奸，而官民并受欺

蒙。甚有不肖有司藉端侵渔，挪新掩旧，钱粮安得不亏耶！

民生为累，莫甚于征粮收漕，花户完粮，柜书之串票有费，银匠之凿印有费，经书之纸张有费，而且衙役则包揽侵渔，单头则需索派累。其司府衙门之饭银敲平看色寄库，以及解银发鞘等项，派之州县，州县派之里民，用一派十，各自分肥，此征粮之弊也。民间完漕，仓书则勒指需索，收米有费，斗级则踢斛淋尖，斛口有费，起运则车辆脚价帮贴有费，而且催漕亦使用烙斛；又有旧规，其道府衙门之开征造册、催兑押帮，以至旗丁水手等项，派之州县，州县之里民，用一派十，各自分肥，此收漕之弊也。但钱粮上关国计，不能因抚字而废催科，惟征收之弊百端，须时刻稽察，严加防闲。其最病民者莫如等侯

包揽、侵吞飞洒，及分出牌票多差滥，比总在善其良法耳。

民之当恤者五，正额之外复有加派，加派之外复有津贴，朝廷未得其一，官吏已吞其十，此宜恤者一也。舟车之外，复有兴作，兴作之外，复有差徭，朝廷未用其一，官吏已役其十，此宜恤者二也。由是胥役索诈，差丁留难，致使夜卧霜雪，滴泪成冰，夏冒炎暑，挥汗如雨。官从鞭挞，伍长辱詈，饥无糇粮，渴无浆饮，此宜恤者三也。至若乡居农夫，身未履法堂，目未睹官长，遇公差则战栗吞声，见里长则仓皇变色，科派独受其多，力役先当其苦，此宜恤者四也。耰锄释而仓空，杼柚停而丝尽。破肤裂指不免于寒，沾体涂足不免于饥，公门有舞文之吏，里巷有剥脂之奸，终岁之勤不足以供诸蠹，此宜恤者五也。

天下之人，穷思竭虑以广求利之门，窃以为广取以给用不如节用以廉取。议者动曰『费用不能复省』，窃知其不然也。今天下之费有去之甚易而无损者，冗员薪水是也。有存之甚难而无益者，练勇饷需是也。又有损多益少者，轮船、铁路、机器、电线是也。即如国初取民有制，既无厘税，又无杂课，军旅四出以征不庭，而未尝患财不多，兵不强，器械不坚利也。今天下地方数万里，有租赋，有杂课，有厘税，而财转不敷用者，何哉？盖因俯己就人则易为力，仰人援己则难为功也。夫为国有万世之计，有一时之计，有不终月之计。古者耕九余三，三十年积有十年之蓄，于是天不能使之灾，地不能使之贫，四夷盗贼不能使之困，此万世之计也。岁入供岁出，其平居虽不至虐取于民，而有急则不免于厚赋，故可静而不可动，可逸而不可劳，此一时之计也。量出为入，用之不给，则取之益广，益广而益费，此衰世苟且之法，不终月之计也。今欲求万世之计而不能，又何必定效苟且之法耶！

夫奸邪由于民贫，民贫由于不足，不足由于无积蓄。近无军旅之费、水旱之灾，而蓄积未备者，何哉？地有馀利，民有馀力，生谷之地未尽垦，山泽之利未尽出，游食之民未尽归农，加以争尚靡丽，不勤不俭，则致轻家离乡，民如鸟兽。饥寒迫体不顾廉耻，安能禁其非为耶！

夫矿藏于山，非数人所能开采，亦非数日所能毕事，必须千百成群，经年累月，安棚设厂，凿石炼砂。于荒山穷谷之中，聚游手不耕之辈，纵使获有矿苗之利，穷民藉资餬口，恐终不抵误农之害。自古养民之道，惟在勤农务本。今天下地旷，民贫谷不敷食，再若趋目前之利，而不

使民尽力畎亩，甚非经久良策。更有可虑者，各处无藉之徒，趋利若鹜，望风而至，安能辨其奸良而去留之？今日利在，聚之甚易，他日利尽，散之甚难。即使地不爱宝，矿苗长旺，以有利之事，聚无籍之徒，生端滋事，势所必然。设使官为经理，绳之以法，尚难约束多人，今听一二绅商招集股分，自行采取，其弊将无所不至。近有一等利徒，因库款支绌，揣摩迎合，觊觎矿苗，思擅其利，竟敢藉纳课为名。以一平民而议及帑项，其非安分之徒不辨。可知为大吏者，必须于远大处彻始彻终，熟筹深计，切不可但顾目前之利，辄被豪绅奸商蛊惑播弄，轻举妄动也。

放赈为拯灾救困之举，非为博施济众之事。一等刁徒，非农非商，游手坐食，境内小有水旱，辄先号召，指称报灾费用，挨户敛钱。愚民希图领赈蠲赋，听其指挥，是

愚民之脂膏先饱奸徒之囊橐。迨州县踏勘成灾，则又串通乡保胥役，捏造诡名，多开户口，是国家之仓储反填奸徒之欲壑。迨勘不成灾，或应分别赈抚，若辈不能遂其所欲，则又布贴传单，纠合乡众拥塞街市，咆哮公堂，甚至辱凌官长，目无法纪。懦弱有司隐忍曲从，而长官之权竟操之奸徒之手。奸徒既得滥邀，穷民转致遗漏，是不但无益于国，抑且有害于民。又有一班奸棍，召呼灾民，择饶裕之家，声言借粮，辄肆抢夺。迨报官缉获，累月经年，尘案莫结。在奸棍尚可支撑苟活，而被诱愚民身命难保，是灾民不死于天时之水旱，而转死于奸棍之煽惑焉。

士民殷实者，或由于祖父之积累，或由于己身之经营，操持俭约，然后能致此饶裕，此乃国家之良民也。乡绅有馀者，非由于先世之遗留，即由于己身之俸禄，制节

谨度，始能成其家计，此乃国家之良吏也。是以绅衿、庶士家道殷实者，国家必爱养保护，则本人安可不思孜孜为善，以永保其身家乎！夫保家之道，奢侈糜费，固非所以善守，而悭吝刻薄，亦非所以自全。盖穷乏之人，既游闲破耗，自困其生，又不思己过，转怀忌于温饱，若富户复以悭吝刻薄为心，朘削侵牟，与小民争利，在年谷顺成之时尚可相安，一遇荒歉，先受其害。迨被抢之后，官拿究办，是富户敛财而倾家，贫民贪利而丧命，岂非两失乎！为富者当以恤贫为念，如遇青黄不接之际，宜平情通融，切勿坐视其困而不为之援手。居常能缓急相周，有事可守望相助。忮求之念既忘，亲睦之心必笃，此非富者保家之善道乎！

养民之道，在使之上顺天时，下因地利，殚其经营力

作以赡其室家，非沾沾于上之补苴救恤，遂长恃为资生之策也。以上养民则不足，以民自养则有馀。且一方之地利，原可养一方之人。古者九职任万民，一曰三农，生九谷；二曰园圃，毓草木；三曰虞衡，作山泽之材；四曰薮牧，养蕃鸟兽。何一非养赡之术？为民父母，民事即家事，宜实心劝课，随时区画，使地无遗利，民无余力，家有盖藏，自可引养引恬，俯仰不匮。倘平素不以农田树畜为事，及歉收之年，但以截漕请赈为良策，将使民间谓水旱可以不备，游惰成风，举身家衣食之切务委之，在官是非爱之，实以害之也。

宋时河北地震、水灾，发仓谷给壮者日二升，幼者日一升。但日难数计，人难枚举，且给受之际有淹速，有均否，有诚伪，会计之扰，分给之烦，措置一差，皆足致弊。于

是曾巩上议，请一举而赈之，赐五百万贯钱以完其居，贷百万石粟以给其食，既免日日就食之劳，且无胥吏冒侵之弊。农得以修畎亩，商得以治货贿，转移流通，一切得复其业。况贷之于今而收之于后，所费者惟钱五百万贯而已。然百万石粟、五百万贯钱非灾区荒年一时所能卒办者，迨钱足粟备，民已饿死无数矣。必须藏富于民，藏谷于社，饥荒有济，水旱无虞，一遇岁歉，即以曾巩之议行之。此又在牧民之官，平日视民如子，预先筹划得宜耳。

常平在官，社仓在民，在官者，法立而事权归一，在民者，情私而弊窦易生，其理不辨自明。若牧令皆得其贤，视民事如家事，计若千户之家，积若千石之粮，计口授食，足供两月之用。有灾立报，饥馑即赈，国不动帑，民

无流亡。常平之粟固足备，常平之利亦无穷，社仓又何必兴哉！但有司不得其人，故令民捐民办，计口按数蓄积，以备不虞也。

私盐之害，莫若巧法自立之大商与夫拥众持械之大枭，然是二者，非与胥吏、汛弁相首尾势不能行。有司但能稽察胥吏，约束弁兵，则大弊立除。至于一二贫民，肩挑背负，私贩少许，藉资餬口者，比之网之漏鱼而不论，斯上下均赖之政也。近见盐捕各营，偶拿一二私贩，虚张声势，以塞己责，至于大帮盐枭，或畏其强悍不敢过问，或得规包庇任其行销。到处皆然，官引安能起色？

治道　礼政

移风易俗，端在大臣是赖，人臣之谊，公尔忘私，则无瞻顾游移之心，党援朋比之习。近见徇私之人，好为夤

缘，互相请托，揆之于义，实为可耻，度之于命，究属无益，但相习成风，腆不为怪。既为子弟门生，营求作弊，是教之以不正矣，何足为其师范？徒使子弟门生有所恃而不恐，终归于坏品丧志。不能上进其害，可胜言哉！朝廷宵旰忧劳，励精图治，谆谆以正人心、端风俗为首务。而欲正人心、端风俗，同归于善，必先去营求请托之私，而后可成公平之化。大臣者，群僚之表率也。职官者，士庶之仪型也。大臣不能去其营求之私，则百僚、士庶相率而为，更无所底止矣。

士为四民之首，一方之望，凡属编氓，皆尊奉之，以为读圣贤之书，列胶庠之选，其所言所行，俱可为乡人法则。故必当敦品励学，谨言慎行，方不愧端人正士。然后以圣贤诗书之道开示愚民，则民必听其言、服其教，相率

而归于谨厚，则民风何患不淳，世道何患不古？今之士虽不乏闭户修行、读书立品之人，而荡检逾闲、不顾名节者，亦复不少。或出入官署，包揽词讼；或武断乡曲，欺压平民；或抗违钱粮，藐视国法；或代民纳课，私润身家。种种卑污，难以枚举。彼为民者，见读书之人而行止如此，民风何由而正？不独薄待士子，抑且轻视圣贤之书矣。

崇儒重道，固为治化之原，果能振起有为，躬行实践，必使敦让淳朴之风渐复旧观，始可作斯文护法，不在沽名市誉，建立书院，假公派费，累民伤财也。夫士子读圣贤之书，行圣贤之行，方为真儒。若好讼多事，不守礼法，则为名教中败类，衣冠中秕莠也。此辈不去，真儒不出，岂宜舍本逐末，徒尚虚文。迂阔不通，犹属小疵，此习

流而忘返，必至斯文扫地而后已。近见庸儒有司，其畏乡曲之私评胜于庙堂之清议，稍为执法，惩创一二刁衿劣监，即恐身被凌辱。斯文之名，任其玩法，害民伤风败俗。因而刁顽衿监挟制有司，欺压小民，甚或将本地大吏，竟敢造作歌谣，任意讥诮。此等浇风不能挽回，岂可谓之崇儒重道乎！

致治之道，在正人心。人心正直，则嚣竞自息，而庶绩允厘；人心偏私，则诈伪日生，而习俗滋弊。朝廷崇尚德教，蠲涤烦苛，适于宽大和平之治，凡大小臣工，咸思恩礼下逮，曲全始终。即因事放归，获咎罢斥，仍令各安乡里，乐业遂生。乃臣下竟有彼此倾轧，伐异党同，私怨交寻，牵连报复。或己所衔恨，而反嘱人纠参，阴为主使。或意所欲言，而不直指其事，巧陷术中。虽业已解任投

闲，仍复吹求不止，株连逮于子弟，颠覆及于身家，甚至市井奸民，亦得藉端凌辱。夫谗谮媢嫉之害，历代皆有，而明季为甚。公家之事置若罔闻，而分党树援，飞诬排陷，迄无虚日。以致酿祸既久，上延国家，岂不痛哉！

制治未乱保邦未危者，必以正人心为本，人心正，则风俗淳，而朝廷清明，国祚久远。我朝圣圣相承，实皆不世出之君。且内无诐谒之女宠、干政之宦官，朝无擅权之贵戚大臣，外无拥兵之强藩巨镇，凡历代以来所谓心腹之蠹、跋扈之奸，不但无其人，无其事，抑且无几微之萌芽。夫励精图治如此，立法无弊又如此，宜其教化兴行、习俗美盛，纵不能远追唐虞，亦可以媲美成康。乃澄心静观，今之人心风俗，居官者以忠厚正直为心，身家利禄之念胥泯未能也。为士者，以道德文章为心，而侥幸冒进之

志不萌未能也。民皆家给人足，渐臻端良朴愿之风未能也。兵皆有勇知，方足备干城心腹之选未能也。惟恃皇上一人竭力主持大纲，得以不堕耳。

从来治民之道，教化为先，国家抚有黎庶，设群有司畀以司牧之任，所以迪牖斯民，俾日兴于善也，非第催科断狱，即可称为良有司也。近来官场，积习因循，稍能守法奉职者，已不可多得，至于教化之事，则置焉不讲。间有一二耻为俗吏、勤思治本者，鲜不视为迂谈。夫孝、悌、忠、信、礼、义、廉、耻八字，为尽人所当知当行，凡在四民，舍此无以为人，地方有司，舍此无以为教。孟子曰：『经正则庶民兴，庶民兴，斯无邪慝矣。』官吏不修正教，无怪乎愚民习于邪教，其初大率为学好修福之说所惑。因愚入妄，因妄而至于犯上作乱，及罹于罪，国有常刑。而实

皆由于地方官教化不兴，以致陷溺斯民至于如此也。

闽、粤民俗强悍，好勇斗很，动辄械斗，目无国法，两省劣习相同，而漳、泉、惠、潮尤甚。维思上天阴骘下民，与以至善之性，故云：『民之秉彝，好是懿德。』虽五方风气不齐，而本然之性则有善而无恶。闽、粤之民，亦未尝天秉独异，其所以不善之故，则因俗尚嚚凌，耳闻目见，皆剽悍桀骜之风，而无礼让逊顺之气，遂令本然至善之性陷溺而不自知也。朝廷屡颁谕旨，诲迪中外，黎庶家喻户晓，而各处民风渐能奉法循理，不敢荡检逾闲。且如最难化者莫过苗、蛮、瑶、僮之人，近亦颇知革面洗心，有欣欣向化之意，岂闽、粤内地之民，转不如苗众悔过迁善，革薄从忠，而甘于自暴自弃，陷身法网乎！《易》曰：『积善之家必有馀庆，积不善之家必有馀殃。』作奸犯科之人，

既为王法所不宥，必为天理所难容。祸福利害之间，判然两途，则何所惮而不为善，何所利而为不善乎！况闽、粤文风颇优，武途更盛，而漳、泉、惠、潮人材又在他郡之上，历来为国宣猷效力者，实不乏人。独有风俗强悍一节，为天下所共知，亦天下所共鄙，何不翻然醒悟，共相勉励，而成礼义仁让之乡乎！

各省皆有回民居住，由来已久。其人既为国家之编氓，即为国家之赤子，原不容以异视也。屡有人言回民自为一教，异言异服，强悍刁顽，肆为不法，应严加惩治。惟思回民之有教，乃其先代留遗家风土俗，亦犹中国之人，籍贯不同，嗜好方言亦遂各异。是回民有礼拜寺之名，有衣服文字之别，要以从俗从宜，各安其习。初非作奸犯科惑世诬民者，此则回民自为一教者，可不过问也。惟是凡

人生产，虽不同地而同具，此天良传习，虽不同教而同归于乐善。回民处天地覆载之间，受国家养育之恩，可不孜孜好善，勉为醇良乎！且朝廷一视同仁，回民中拜官受爵，游登显秩者，常不乏人。则其勉修善行，守法奉公，以共为良民者，亦回民之本心也。要在地方官吏，不以回民异视，而以治众民者治回民；为回民者，亦不以回民自异，即以习回教者习善教，则赏善罚恶，上之令自无不行，悔过迁善，下之俗自无不厚。常念万物一体之义，岂忍视回民与众民有殊？为回民者，当知率由礼义，讲让兴仁，毋恃强而凌弱，毋倚智而欺愚。倘自谓别为一教，怙恶行私，则是冥顽无知，甘为异类，宪典具在，岂能宽假乎！所望回教之家，父戒兄勉，姻娅族党互相箴规，尽洗前愆，束身向善，以承天地覆载之恩，以受国家教养之泽。

游惰之民，人皆恶之，若赌博之人，不止于游惰而已。荒弃本业，荡废家赀，品行流于卑污，心术趋于贪诈，父习之不能训子，兄习之无以戒弟，斗殴由此而生，争端由此而作，盗贼由此而多，匪类由此而聚，其为人心风俗之害不可悉数。甚至妇人女子，亦沉溺其中而不为怪者，盖由习此者众，故从风而靡者多也。上屡颁严禁之条而此风未息者，皆因开场聚赌，胥役、汛兵均有陋规，而有司不能禁约，甚至佐职、汛弁亦收赌费。地方官吏均有化民成俗之责，而乃悠悠忽忽，视为泛常，故纵丁役，得赃包庇，任听赌棍作此坏风俗惑人心之事。责其溺职，奚辞焉！

洋人游历各省，一在垄断利权，一在周习险要，设堂